LES FÉDÉRALISTES

DE MAINE ET LOIRE

EN 1793.

LES FÉDÉRALISTES

DE MAINE ET LOIRE

EN 1793.

Dans les discordes civiles, il y a eu, chez tous les peuples et dans tous les temps, un certain nombre d'hommes éclairés et honnêtes, qui ont cherché à modérer l'ardeur des partis auxquels ils appartenaient, phalange d'élite se comprenant par l'instinct de l'équité, se rapprochant par la droiture du jugement, s'estimant réciproquement par la bonté du cœur, quoique sous des drapeaux différents. La vérité éclectique les guidait, au milieu de *l'absolu,* qui égarait leurs concitoyens emportés par la fougue des passions violentes ; aussi furent-ils toujours regardés comme des ennemis par les extrêmes. C'est ainsi que, dès le commencement de notre révolution française, on voit apparaître ces hommes, sous le nom de patriotes de 89, pris indistinctement dans les trois ordres de l'Assemblée constituante. Animés d'un sincère amour de leur pays, ils avaient senti, depuis longtemps, la nécessité de réformes, que d'anciens abus et les progrès du temps avaient rendues indispensables : mais aussi prudents que sages, ils voulaient amener ces changements tranquillement , progressivement et sans secousses dangereuses. D'une part, ils savaient résister à ceux, qui ne voulant faire aucune concession, se cramponnaient à toutes les institutions monarchiques, qu'elles fussent bonnes ou mauvaises, tombées en désuétude ou encore dans leur vigueur; de l'autre, ils cherchaient à mettre un frein à l'emportement du parti contraire. Presque tout le tiers état, la majorité du clergé, la minorité de la noblesse et le roi lui-même furent d'abord dans leurs rangs. Il est curieux de suivre ce bataillon sacré de la raison et de la modération, à travers les phases et les vicissitudes qui se sont succédées pendant plus de soixante ans. S'il fit des fautes, elles furent presque toutes les conséquences d'une trop grande modestie, d'un désintéressement exagéré et d'un défaut de confiance en lui-même qui eut les plus désastreux résultats. Nous ne citerons, quant à présent, aucun nom particulier; l'histoire de cette période est trop étudiée et trop connue de nos jours pour que nous ne fussions entraînés à des redites; ce que nous voulons seulement, c'est rechercher et constater l'origine du fédéralisme de 93.

Nous avons parlé de fautes; la première, et l'une des plus graves, fut la déclaration, faite à la fin des États généraux, « qu'aucun des membres de cette Assemblée ne ferait partie de la suivante. » Comme si l'expérience et l'habitude des affaires, chez des hommes de bonne foi, pouvait être un péril pour l'État ! L'un des défauts les plus ressortants de notre caractère national a toujours été ce besoin insatiable d'hommes nouveaux, qui a jeté tant de perturbations dans notre politique et qui nous a fait manquer de l'esprit de suite, si nécessaire pour établir quoi que ce soit de durable. L'Assemblée législative, qui suivit de près la Constituante, n'est-elle pas une preuve de la difficulté de créer des institutions solides au milieu de con-

victions contradictoires, d'idées incohérentes, de sys-
tèmes isolés, d'hommes s'ignorant entièrement les uns et
les autres et auxquels le temps manquait pour se connaître et se grouper?

Lorsque, plus tard, la Convention fut formée et que les
passions se furent exaltées par la résistance, il y eut
des hommes, appartenant à cette classe, qui votèrent
la mort du roi, convaincus que c'était le seul moyen
de sauver le pays. Ce fut sans doute une profonde er-
reur; mais alors la civilisation n'avait pas fait les progrès dans lesquels elle s'est avancée depuis. Les idées
humanitaires cédaient le pas à de prétendues nécessités,
et la peine de mort, dans les actes politiques, n'avait pas
encore été repoussée, comme moyen indigne et insuffi-
sant. L'on n'avait pas formulé cette belle pensée, « que
dans les révolutions, il n'y a pas de coupables, mais bien
des vainqueurs et des vaincus. » Louis XVIII, dans plusieurs circonstances, se rattacha à cette politique, notam-
ment dans l'ordonnance du 5 septembre 1816, qui eut pour
but la dissolution de la *chambre introuvable*; puis, sous
Charles X, *les 221* suivirent les principes des patriotes de
89, tandis que le roi et la minorité de l'Assemblée les
abandonnaient par une fausse interprétation de l'ar-
ticle XIV de la Charte constitutionnelle. Ce fut à cette
occasion, qu'en 1830, on en vint à reconduire poliment
jusqu'à la frontière le roi détrôné, en l'entourant de sauf-
conduits. Louis-Philippe, l'un des hommes les plus éclairés
de son temps, savait que l'effusion du sang ne tue pas les
partis; aussi se montra-t-il toujours clément pour ceux
qui n'attaquèrent que sa personne et son gouvernement,
et, si sous son règne, il y eut des exécutions, elles ne
furent appliquées qu'à de vrais assassins, tels que Fieschi
et ses complices. Quoi qu'il en soit, un grand nombre de
votants fut sincère dans ses opinions. N'ayant encore

pour exemple que les faits sanglants de la révolution
d'Angleterre, ces hommes, dévoués à celle qui se faisait
en France, se crurent en droit d'agir de même. Les Girondins furent de francs républicains ; jamais aucuns mandataires de la nation ne se montrèrent plus généreux et
plus courageux ; l'enthousiasme du patriotisme en fit des
martyrs, et la foi dans la bonté de leur cause les soutint
jusqu'à l'échafaud. La minorité factieuse de la Convention, cette Montagne, si turbulente et si sanguinaire,
méconnut donc les vrais besoins et les vœux de la
France, en s'emparant violemment du pouvoir et sacri-
fiant à son horrible système tous les citoyens qu'elle
croyait hostiles à ses projets insensés. Sa marche politique
n'est, du reste, que trop démontrée au *Moniteur* du temps,
par les atroces paroles prononcées à la tribune par la
plupart de ses membres ; c'était l'extermination de tous
les Français, qui ne suivraient pas, de loin ou de près,
leur logique de violence et de sang. Les efforts de Larevellière-Lépeaux, de Lanjuinais et de quelques autres
hommes de cœur y sont consignés, et ce n'est pas sans
une profonde émotion, que l'on y lit les beaux mouve-
ments oratoires des deux représentants Angevin et Bre-
ton, s'opposant à la création du tribunal révolutionnaire,
au milieu des injures et des menaces les plus grossières
de leurs adversaires. « Citoyens, leur disait Lanjuinais,
» les anciens immolèrent aussi des victimes humaines,
» mais ils les couronnaient de fleurs..., ils ne les insul-
» taient pas. » Interrompu sans cesse et menacé directe-
ment par Danton, dans la séance du 10 mars, Larevellière dit : « Citoyens, je déclare que quant à moi, tant
» qu'une goutte de sang coulera dans mes veines, je me
» ferai plutôt exterminer que de souffrir que la Répu-
» blique en général, et, en particulier Maine et Loire, dont
» je suis l'enfant adoptif, deviennent les sujets très-fidèles

» et les tributaires d'une ville orgueilleuse, d'un dictateur
» insolent, ou d'une oligarchie sanguinaire. »

Ce fut donc alors un devoir, pour tous les honnêtes patriotes du temps, de soutenir d'abord la majorité menacée, et, une fois renversée, de chercher à revenir à la
légalité, si audacieusement violée. Ce besoin fut généralement senti ; il se forma, dans toute la France, un rapprochement instinctif entre les hommes modérés des divers
partis. Oubliant leurs antécédents, ils ne songèrent
qu'au péril présent, et cherchèrent à s'opposer au régime de la Terreur, en protestant contre ses actes et en
cherchant à soustraire leur contrée aux effets désastreux
de son empire. Angers ne resta pas en arrière dans cette
lutte contre l'oppression. Son administration départementale était alors confiée à des hommes d'élite, présidés par le digne et honorable de Dieusie. Leur unique
but était de préserver leur pays des malheurs de la guerre
civile, de quelque côté qu'elle se présentât. Leurs efforts
s'étaient d'abord portés contre les tentatives de l'armée
vendéenne, qui essayait de s'emparer des villes de Saumur et d'Angers. Les arrêtés de cette administration des
17, 26 mars, 5 avril, 8 mai 1793, et surtout sa lettre à
Larevellière aîné, l'un de ses membres, son commissaire
à Paris, près la Convention, à la date du 18 du même
mois, rapportée aux pièces justificatives, à la fin de cet
écrit, en sont la preuve la plus évidente. Voici, du reste,
ce qu'énonce textuellement la dernière de ces pièces.

« Angers, 10 mai 1793, an II de la République. Les
» administrateurs du département de Maine et Loire au
» citoyen Larevellière, leur commissaire près la Conven
» tion nationale.

» Votre lettre d'hier est une des plus satisfaisantes que
» nous ayons reçues depuis longtemps. Nous avons vu
» avec plaisir l'ordre se rétablir, la confiance renaître aux

» représentations du général Menou, et les troupes, pro-
» mises depuis tant de temps, se réunir enfin sur un seul
» point, commencer à former une véritable armée et
» présenter déjà à nos ennemis une force imposante.
» Une seule chose nous inquiète, c'est l'intérêt sordide de
» la plupart des individus qui composent cette armée,
» et qui semblent ne marcher qu'à force d'argent. Ces
» dispositions, aussi antipathiques que nuisibles à la Ré-
» publique, font craindre une insubordination dont les
» suites pourraient devenir dangereuses et propager ses
» malheurs. Quoique l'ennemi paraisse redouter Saumur
» et Angers, il ne faut pas s'endormir sur les moyens de
» défense, parce qu'au moment où nous le croirions loin
» de nous, il peut tomber à l'improviste sur ces villes, en
» ce moment comme deux boulevarts de la République,
» et s'en emparer. Nous travaillons avec courage et cons-
» tance aux fortifications qui peuvent mettre Angers à
» l'abri d'un coup de main : tous les citoyens, hommes et
» femmes, travaillent à l'envi, et, sous peu de jours,
» notre ville serait dans un état de sûreté tranquillisant,
» si nous pouvions placer assez de bouches à feu sur
» tous les points susceptibles d'attaque. Vous savez que
» tous nos canons sont avec nos armées; qu'il peut arriver
» que ces armées, en marchant contre l'ennemi, soient
» coupées, ou essuient un échec qui nous prive de cette
» importante ressource. Il est donc de la dernière impor-
» tance de garnir les villes d'Angers et de Saumur de
» bouches à feu, en nombre suffisant pour n'avoir rien à
» redouter. Nous vous invitons, en conséquence, à faire
» tout ce qui dépendra de vous pour obtenir du ministre
» un envoi de canons qui nous devient indispensable.
» Représentez-lui, avec toute l'énergie dont vous êtes ca-
» pable, la nécessité de procurer cette ressource, sans
» délai, à ces deux villes. Nantes en a beaucoup plus qu'il

» ne lui en faut ; Indret, d'ailleurs, en peut fournir. Ces
» canons, à la vérité, ne seraient pas montés sur affûts ;
» mais cette difficulté ne doit point arrêter le ministre,
» parce que nous mettrions tous nos ouvriers en action,
» et, sous très-peu de jours, nous pourrions avoir la satis-
» faction de les voir en état de servir : il en faut au moins
» vingt pour Angers ; n'oubliez pas non plus des fusils et
» des objets de campement. Signé : de Dieusie, Mamert-
» Coullion, Villiers, Boullet. »

Cette pièce prouve de la manière la plus évidente que
M. de Dieusie et ses amis étaient loin d'être d'intelligence avec les royalistes, comme l'affirme l'acte d'accusation que nous allons faire connaître. La critique même
de l'organisation de l'armée républicaine n'est-elle pas le
témoignage le plus authentique de leur sincère patriotisme?
On savait bien, d'ailleurs, que si les fédéralistes étaient
réunis d'intention, comme cela s'est encore vu de nos
jours, en 1848, c'était dans la pensée d'éloigner l'anarchie
et d'empêcher l'effusion du sang, dans les parties de la
France qu'ils représentaient dans les Conseils généraux,
et non d'établir, dans leurs départements, des gouvernements fédératifs particuliers, comme ceux de la Suisse
ou des États-Unis. Mais il fallait un prétexte aux monta-
gnards terroristes du tribunal révolutionnaire de Fouquier-
Tinville, qui avait pris le parti d'avance, d'envoyer à la
mort tous ceux dont ils voulaient se débarrasser. Le mot
de *fédéraliste* fut donc inventé et c'est sous ce chef
qu'on lança une foule d'actes d'accusation, dans toute la
France, contre les hommes les plus méritants de ce malheureux pays. Voici celui qui fut porté à Angers, contre
MM. Couraudin de la Noue, Brevet de Beaujour, Tessier
du Closeau, Maillocheau, Despujols, Larevellière aîné et
de Dieusie, le 25 germinal an II de la République. Entrons
dans l'examen de cet acte inique et suivons-en le déve-

loppement, l'esprit passionné et les déductions forcées.

« Antoine Quentin Fouquier, accusateur public du tri-
» bunal révolutionnaire, à Paris, expose, que par juge-
» ment rendu par le tribunal établi de commission
» militaire (*sic*), près l'armée de l'Ouest, par le repré-
» sentant du peuple, en date du 9 ventôse, Aimé Cou-
» raudin, dit de la Noue, ci-devant conseiller du tyran
» Capet au présidial d'Angers ; Louis-Étienne Brevet,
» dit de Beaujour, ci-devant avocat du même ; Jean-
» François-Alexandre Texier, dit du Closeau, médecin ;
» Jean-Baptiste-Joseph Maillocheau, membre du Comité
» des douze de la commune d'Angers ; Pierre Despu-
» jols, aussi membre du Comité des douze ; Jean-Baptiste
» Larevellière, ci-devant conseiller du tribunal Capet, et
» Louis Dieusie, ci-devant noble, ont été traduits au tri-
» bunal révolutionnaire, comme prévenus d'avoir cons-
» piré contre l'unité et l'indivisibilité de la République, la
» liberté et la sûreté du peuple français, en employant
» des manœuvres tendant à favoriser et à propager le
» système du fédéralisme et à exciter la guerre civile, en
» provoquant une force départementale pour marcher ;
» qu'il a été décerné, par l'accusateur public, mandat
» d'arrêt contre les prévenus, le 27 ventôse dernier ; que
» les procès-verbaux d'énonciation des pièces ont été
» transmis à l'accusateur public ; que les prévenus ont
» subi interrogatoire par-devant l'un des juges du tribu-
» nal, le 22 présent mois ; qu'examen fait, tant desdits
» interrogatoires que des pièces, par l'accusateur public,
» il en résulte que les prévenus n'ont cessé de conspirer
» contre l'unité et ont été les agents les plus actifs de la
» faction Brissot, Vergniaux, Buzot et autres, qui ont
» cherché à opérer la contre-révolution, en détruisant
» l'unité et l'indivisibilité de la République, etc., etc. »

Après ce préambule où l'on parle de liberté et d'unité

avec si peu d'intelligence du beau sens de ces mots, ne croirait-on pas que l'on va trouver accumulés contre les accusés une foule de faits, prouvés par témoins, en ce qui concerne chacun d'eux ? Mais au lieu de cela, suivent de vaines énonciations, des interprétations du for intérieur, des déclamations contre des opinions émises au milieu de la lutte et sans actualité. Chez un peuple bien organisé, il est du devoir des citoyens de repousser de toutes leurs forces tout gouvernemeut de fait, qui ne garantit pas la sécurité des personnes et des propriétés, les deux bases principales de toute société, et en dehors desquelles il n'y a plus que barbarie et danger pour l'homme civilisé. Eh bien, la Montagne de la Convention, après s'être emparée violemment du pouvoir, offrit-elle au moins ces garanties, en compensation des sacrifices que la liberté individuelle avait faits en faveur de l'unité ? Hélas ! l'anarchie qui dévorait notre belle France jusque dans ses points les plus éloignés, est une réponse trop puissante et trop bien constatée aujourd'hui, pour qu'elle puisse être réfutée ou même affaiblie. Où donc était cette liberté du peuple français et cette unité indivisible de la République dont on parle avec tant d'emphase ? N'est-il pas évident, pour quiconque veut y regarder, que les soi-disants fédéralistes ne s'étaient rapprochés que pour maintenir ces sauvegardes contre les furieux qui les opprimaient, et mettaient à leur place leurs passions et les erreurs qui s'en suivirent ? On reproche aux accusés les fonctions électives qu'ils avaient acceptées de la majorité de leurs concitoyens, et d'en avoir abusé pour amener la contre-révolution. N'était-ce pas, au contraire, le moyen le plus certain de conserver les institutions et les avantages de la révolution française, que de les abriter sous le système de *modérantisme* qui luttait avec tant de courage contre l'exagération dangereuse et criminelle des sectaires du jacobinisme? Les relations qu'avaient eu plusieurs des accusés avec le ministre Roland sont incriminées comme des attaques à la révolution ; jamais homme cependant ne lui fut plus sincèrement dévoué, et les insensés qui le proscrivirent et causèrent ainsi sa mort, furent assez aveugles pour méconnaître les influences contre-révolutionnaires qui agissaient sur eux, dans le but du triomphe d'une autre cause.

« Despujols, dit l'acte d'accusation, homme dévoué à
» la faction des fédéralistes, confident intime de Courau-
» din, fut nommé avec lui pour porter à la Convention
» l'adresse du 31 mai 1793 ; adresse qui, à chaque phrase,
» ne respire que les sentiments du fédéralisme et de la
» contre-révolution ; adresse, où l'on remarque cette
» phrase : « Citoyens, il est temps enfin que la nation
prononce entre les partis qui nous déchirent ; il est temps de savoir si une minorité turbulente doit asservir la majorité ; si des tribuns séditieux continueront d'insulter les mandataires du peuple : il est temps de savoir si une ambitieuse municipalité continuera de rivaliser avec la Convention ; si l'or de la République sera éternellement prodigué à une Commune qui n'a pas eu le courage de veiller sur le dépôt qui lui a été confié ; il est temps enfin de connaître si cette notion de notre gouvernement, *République une et indivisible*, ne renferme qu'un vain mot et si nos départements auront une égale influence dans la balance politique. »

Cette noble adresse n'est-elle pas la preuve la plus évidente que ses signataires étaient les vrais défenseurs de l'unité, de la liberté, de l'indivisibilité, tandis que leurs accusateurs n'étaient que les soutiens d'une affreuse anarchie?

Despujols, ancien serviteur de son pays, soldat franc et loyal, n'avait, du reste, été choisi par les patriotes angevins, pour accompagner Couraudin dans la mission dangereuse qu'il avait à remplir, en portant cette adresse à la Convention, que pour le défendre et le protéger par son courage et sa force, contre les séditieux qui encombraient les abords de cette Assemblée, pour empêcher les plaintes de toute la France d'arriver jusqu'à elle. Aussi, lorsqu'il fut arrêté, une personne qui lui tenait de près et qui était dans l'intimité de Félix, l'un des commissaires de la Convention à Angers, se présenta devant ce dernier, et lui reprocha l'arrestation de son parent : — « Mais, lui dit Félix, n'a-t-il pas porté l'adresse liberticide du 31 mai 1793? — Imbécile, lui répondit celle-ci, dans le langage du temps, fais donc guillotiner son cheval et brûler publiquement sa voiture sur la place du Ralliement. »

Comme on trouvera l'acte d'accusation tout entier aux pièces justificatives à la fin de cet écrit, il est inutile de s'appesantir davantage sur les contradictions et les inductions de mauvaise foi, qui le remplissent. Il n'est que trop démontré, en le lisant, que le but des sept honorables citoyens qu'il concerne était légitime et méritant. M. Eugène Poitou l'a déjà heureusement rappelé, dans sa notice historique, sur *Les Représentants du peuple en mission en Maine et Loire, pendant 1793 et 1794*, insérée dans la *Revue de l'Anjou*, 1852. Les crimes politiques que l'on cherchait à leur reprocher étaient sans fondement dans les faits, ne portant que sur de vaines déclamations relatives à leurs opinions, leurs liaisons, leurs écrits et leurs paroles, antérieurs, pour la plupart, au triomphe de l'odieux régime de Marat et de Robespierre. Cette accusation est décousue, vague, sans preuves, alléguant toujours et ne démontrant jamais. Le procès qui s'en suivit violait toutes les notions de l'équité et de la justice humaine : les formes en furent extra-légales; l'on n'y entendit pas de témoins; enfin la froide passion de la cruauté s'y montre dans tout son jour. Il est maintenant bien évident que ce n'était qu'un prétexte, comme nous l'avons déjà dit, pour se débarrasser d'honnêtes gens dont on redoutait l'influence méritée. Cinq furent condamnés à la peine capitale par jugement prononcé par Coffinal, remplissant les fonctions de président du Tribunal révolutionnaire, le 26 germinal an II de la République : si les deux autres, Maillocheau et Despujols, échappèrent à la mort, ils le durent à leur jeunesse : Couraudin, Brevet de Beaujour, Tessier du Closeau, Larevellière aîné, et de Dieusie furent exécutés le même jour, 15 avril de la même année, à la barrière du Trône, à Paris. Les exécutions sans relâche avaient inspiré tant d'horreur, que l'on avait cru nécessaire, par précaution, de les enlever à la place de la Révolution pour les transporter, pour ainsi dire, hors Paris.

Maintenant voudrait-on, d'un autre côté, arguer contre leur loyauté et leur courage de leurs réponses dans l'interrogatoire qu'ils subirent à Angers, le 22 germinal de l'an II, comme évasives et manquant de dignité et de sincérité ? Mais que l'on se rappelle que plusieurs d'entre eux s'étaient constitués, d'eux-mêmes, prisonniers au château d'Angers ; que l'opinion publique regardait alors la chute de Robespierre comme prochaine ; que l'exemple des malheureux Girondins était là tout récent ; que leur bonne foi en présence de juges prévenus et passionnés, était sans doute de l'héroïsme, mais qu'elle avait privé la France, en pure perte, par leur mort, des hommes les plus éclairés et les plus franchement dévoués à la Révolution française ; que sous la pression d'une force majeure violente et sanguinaire, comme sous le poignard d'un assassin, il n'y a plus de liberté, conséquemment plus d'importance dans des paroles dites en présence de la mort, que l'on pouvait sans doute éviter en gagnant du temps. Tels avaient

été les conseils et les influences les plus pressantes d'un
grand nombre d'amis de nos malheureux compatriotes,
accusés de modérantisme et de fédéralisme : ils durent y
céder, malgré la répugnance que plusieurs avaient montrée
à les suivre. Au reste, qui donc aujourd'hui songerait à
les blâmer? Le souvenir du crime politique qui les envoya
à l'échafaud est resté vivant et douloureux dans l'esprit
des Angevins leurs contemporains, et de leurs enfants qui
connaissent ces faits par tradition. Voici ce que Larevellière-Lépeaux lui-même, dit des fédéralistes d'Angers,
dans ses mémoires inédits que nous avons eus sous les
yeux :

« Ce fut dans ces tristes circonstances que les épouses
» désolées de mon frère, de Brevet de Beaujour et de
» Maillocheau vinrent nous trouver à Paris, dans notre
» réduit de la rue Copeau. Elles demandaient notre appui
» pour sauver leurs maris ; mais elles virent, en arrivant,
» que nos recommandations ne pourraient que hâter leur
» perte, puisque nous étions nous-mêmes menacés de
» décrets d'arrestation, qui, peu de jours après, furent en
» effet lancés contre nous. Les terroristes voulaient se
» donner le mérite de faire verser, sous les yeux mêmes
» des Angevins, le sang des hommes à jamais regret-
» tables dont je viens de parler ; mais l'opinion de la ville
» entière et du département était si forte en leur faveur,
» que malgré l'effroi qui y régnait on n'aurait osé con-
» damner, à Angers, ces respectables victimes : elles
» furent donc transportées à Blois ; c'est tout ce que l'on
» osa faire d'abord : ce ne fut que plus tard qu'on les tra-
» duisit devant le tribunal révolutionnaire à Paris, qui les
» envoya à la mort. Le département qu'ils servaient par
» leurs talents et qu'ils honoraient par leurs vertus, en
» conservera longtemps le souvenir, et longtemps leurs
» persécuteurs seront l'objet de la haine et du mépris de

» ses habitants. Le calme et la constance qu'ils montrè-
» rent jusqu'au dernier moment accrurent encore de
» trop inutiles regrets. »

En lisant ce qui précède, cette citation des mémoires de Larevellière-Lépeaux, on voit qu'il applique aux deux autres accusés de fédéralisme, les observations qui semblent ici n'avoir de rapport qu'à trois d'entre eux dont les noms sont cités : tous les cinq furent victimes de leur probité politique et de leur courage.

Il n'y a donc jamais eu, en Maine-et-Loire, de fédéralisme, organisé en complot, pour diviser le territoire et l'unité de la France, et encore moins, pour créer des gouvernements isolés de chacune de ses parties. Les généreux habitants de notre département n'avaient usé que du droit de légitime défense, dans leur adresse du 31 mai 1793, principal grief allégué contre le soi-disant fédéralisme d'Angers.

Nous eussions désiré jeter encore plus de lumière sur ces faits, désormais du domaine de l'histoire, en terminant par la notice biographique de chacun des sept accusés, sujet de cet essai. Nous n'avons été édifiés entièrement que sur Larevellière aîné et Maillocheau : c'est donc avec regret que nous n'ajoutons pas celle des autres, les documens nous ayant manqué à cet égard. Ce sera à ceux de nos compatriotes qui peuvent en posséder, à compléter ce travail, qui n'est, pour ainsi dire, qu'une ébauche.

Note biographique sur JEAN-BAPTISTE-LOUIS LAREVELLIÈRE, *conseiller en la sénéchaussée et siége présidial d'Anjou, à Angers; depuis 1790, président du Tribunal du district d'Angers, département de Maine-et-Loire, et, depuis le mois de décembre 1792, président du Tribunal criminel de ce département.*

Jean-Baptiste-Louis Larevellière naquit le 21 septembre 1751 dans la petite ville de Montaigu, en bas Poitou (aujourd'hui département de la Vendée), sénéchaussée de Fontenay-le-Comte, diocèse de Luçon. Son père, Jean-Baptiste-Joseph, était conseiller du roi et sous-lieutenant-juge des tailles foraines et autres du bas Poitou et du bas Anjou. C'était un bourgeois d'un mérite généralement reconnu, d'une probité exacte, plein d'honneur et de délicatesse, d'une force d'esprit remarquable et d'un jugement très-droit : son âme était aimante et son caractère énergique. Pendant vingt-cinq à trente ans qu'il fut maire de Montaigu, il conduisit cette commune avec fermeté et justice. Les passages de troupes y étaient fréquents; dans ces circonstances, il se fit toujours respecter par les militaires, comme il se faisait chérir et honorer par les habitants. Il épousa Marie-Charlotte Maillocheau, sœur du père de Jean-Baptiste-Joseph Maillocheau, l'un des accusés dans l'affaire des fédéralistes d'Angers : c'était une famille bourgeoise qui passait pour une des plus anciennes du pays.

Jean-Baptiste-Louis Larevellière était l'aîné d'un frère, qui avait deux ans de moins que lui, se nommait Louis-Marie Larevellière-Lépeaux, devint député à la Constituante, membre de la Convention et du Directoire exécutif. Ils avaient une sœur plus âgée, Marie-Charlotte, mariée à François-Frédéric Bellouard de la Bougonnière, assesseur au siége de la maréchaussée de Montaigu, fils d'un subdélégué et sénéchal de cette ville.

Les deux Larevellière, élevés d'abord avec leur sœur dans la maison paternelle, y reçurent une éducation physique sévère ; mais jamais aucune autre ne fut plus morale, plus affectueuse et plus douce. Ils firent leurs premières études au collége de Beaupreau et furent envoyés, pour les achever, à celui de l'Oratoire d'Angers, au mois de novembre 1767. Ils y firent connaissance et s'y lièrent d'amitié avec Jean-Baptiste Leclerc de Chalonnes et Urbain Pilastre, tous les deux devenus plus tard membres de la Constituante et de la Convention.

De bonne heure, Jean-Baptiste-Louis montra une aptitude suivie au travail, un esprit d'ordre et une activité qui ne se sont jamais démentis pendant tout le cours de son existence. Lui et son frère Louis-Marie firent leurs études en droit à l'école d'Angers ; puis ils allèrent se perfectionner à Paris, où ils se firent recevoir l'un et l'autre avocats. Laissons parler Larevellière-Lépeaux lui-même, dans ses mémoires inédits, sur cette période de leur vie :

« J'arrivai à Paris avec la ferme résolution de me mettre
» en état d'exercer la jurisprudence avec succès ; vains
» projets ! Il me fut impossible de prendre goût aux af-
» faires du barreau et de m'y livrer. L'étude de la morale,
» de la politique, l'amour des beaux-arts, remplissaient
» tous les moments que je pouvais dérober à une occu-
» pation, dont, au surplus, je ne recueillais aucun fruit,
» malgré le désir sincère que j'avais de satisfaire en cela
» mes parents et de me procurer une existence indépen-
» dante, ce qui eût été pour eux un grand soulagement.
» En voyant nos condisciples qui étudiaient la médecine,
» je sentis trop tard que cette étude et celle de l'histoire
» naturelle étaient celles qui m'eussent le mieux convenu.

» Je pris cependant le parti de redoubler d'efforts, mais
» le dégoût l'emporta. Un homme s'en aperçut ; celui-là,
» que cette circonstance de ma vie me défendrait seule de
» jamais oublier, c'était mon généreux frère, qui sera l'ob-
» jet de mes éternels regrets, comme il est celui de ma
» plus profonde reconnaissance. Il vit avec peine que je
» perdais mon temps à paperasser sans en tirer aucune
» instruction. Il se chargea seul de l'étude de M. Potel, pro-
» cureur au parlement de Paris, où nous avions été ad-
» mis comme clercs, et, par son travail soutenu de jour
» et de nuit, il gagna nos deux pensions et des appointe-
» ments assez forts qui servirent à notre entretien, ce qui
» fut un grand allégement pour nos parents, qui n'avaient
» que peu de fortune. Non content de cela, il fournissait
» à mon instruction et à mes plaisirs : il me forçait de
» suivre mon penchant pour d'autres études qui m'étaient
» favorites et d'abandonner un travail stérile, afin que je
» me livrasse sans réserve à ces dernières, pour perfec-
» tionner ma raison et polir mon esprit. Il me mettait
» souvent, malgré moi, l'argent à la poche, pour aller à
» quelque bon théâtre, et l'on pense bien que cet amuse-
» ment était fort de mon goût. Pourrais-je, au surplus,
» exprimer toute la sollicitude de sa part dont j'étais l'ob-
» jet ? Frère unique en bonté, en générosité, en délica-
» tesse, si jamais je venais à me consoler de sa perte, je
» serais le plus vil et le plus ingrat de tous les hommes ! »

Le coloris et la sincérité de ce récit ne peuvent laisser
dans les esprits aucun doute sur les nobles sentiments
de Larevellière aîné. Il était devenu l'ami de M. Potel,
le directeur des travaux de son étude, et pendant toute sa
vie il lui donna des preuves de son estime et de son
attachement.

Enfin, le temps du retour à Angers étant arrivé, il vint
s'y fixer, et plus tard, lorsque la guerre civile eut rendu le

séjour de Montaigu inquiétant, il y appela sa mère et sa sœur, toutes les deux veuves depuis plusieurs années. L'une et l'autre étaient restées attachées à leurs anciens principes catholiques et royalistes; aussi leur maison devint-elle, au péril de leur vie, le refuge d'un grand nombre de prêtres et de nobles contre lesquels sévissait alors la tempête révolutionnaire. Larevellière ne tarda pas à acheter une charge au présidial d'Angers. La régularité de sa conduite, son amour pour le travail, sa bonne tenue et les agréments de sa belle et noble physionomie l'avaient fait rechercher de la bourgeoisie du Tertre Saint-Laurent, où habitait Mme Du Bignon, sœur de M. Pilastre, aimable femme, qui aimait le monde et recevait chez elle une grande partie de la société d'Angers. Il y fit la connaissance de Victoire-Marie Berger, la plus jeune des enfants de François Berger, de son vivant docteur-régent de la Faculté de médecine de l'Université de cette ville, et de Marthe Coullion. Il y avait beaucoup d'aisance dans cette famille, et quoique Larevellière eût très-peu de fortune, il fut le préféré dans les nombreuses demandes en mariage qui furent faites de cette charmante jeune personne, d'un caractère plein de bonté et de douceur. Lorsqu'il l'épousa, il avait trente-deux ans, en ayant onze de plus qu'elle. Désormais fixé, il se livra tout entier aux soins de son intérieur et à son penchant entraînant pour le travail. Chargé de presque toutes les affaires du présidial, il y acquit une grande influence et une considération méritée, basées l'une et l'autre sur l'estime qu'on lui portait.

Il avait eu, en mariage, de son côté, un petit vignoble, situé au village de Chaumes, dans la commune de Rochefort-sur-Loire, où M. de Barrin, comte de la Galissonnière, gouverneur de l'Anjou, possédait des pressoirs et une grande étendue de vignes, dont le produit en vin blanc passait pour un des meilleurs de la province. Comme voisin de Larevellière, il avait pu apprécier ses qualités ; il le nomma sénéchal des hautes justices, fiefs et seigneuries dépendant de la terre et marquisat de la Guerche, paroisse de Saint-Aubin-de-Luigné, en Anjou, par ordonnance du 9 novembre 1776.

Larevellière avait eu de sa femme une propriété pour laquelle il avait une grande prédilection ; c'était la terre du Fléchay, possédée depuis longtemps par la famille Berger, dépendant du fief de la Désière, situé commune d'Avrillé ; les bénédictins de Saint-Nicolas en étaient seigneurs et exerçaient droit de suzeraineté sur ses propriétaires. Le Fléchay n'est qu'à deux lieues d'Angers ; aussitôt que le magistrat avait quelques moments de libres, il venait les passer dans cette campagne, près de sa femme et de ses enfants, non pour y rester inactif, cela lui était impossible, mais pour s'y délasser par des travaux horticoles et ruraux des labeurs du conseiller. Il était bon marcheur, et ces courses, loin de le fatiguer, procuraient un exercice favorable à son tempérament sanguin, que l'assiduité au travail troublait quelquefois. Il y fit planter un beau grand potager et plusieurs avenues. D'une sobriété exemplaire, quelques sardines ou un coing cuit sous la cendre suffisaient, au besoin, à ses repas improvisés, auxquels il ne songeait guère. Esprit sérieux, il était sans cesse occupé des affaires dont les rapports lui étaient confiés : sitôt qu'il était forcé à un repos absolu, il s'endormait. Cette disposition naturelle aux hommes très-actifs, lui causa quelquefois de singulières distractions. Un jour ayant assisté à une cérémonie funèbre, il alla faire sa visite, après l'office, aux parents du défunt. Il était d'usage alors, dans ce cas, de fermer les volets de l'appartement où se faisaient ces visites et d'y garder un profond silence. Dans cette situation, Larevellière ne tarda

pas à s'endormir, et lorsque la file des visiteurs fut écou-
lée, les recevants se trouvèrent fort embarrassés de la
présence du dormeur. Vainement ils s'agitèrent sur leurs
siéges, éternuèrent, se mouchèrent, toussèrent bruyam-
ment : tout fut inutile ; enfin ils prirent le parti de se reti-
rer. Au bout d'un certain temps Larevellière se réveilla,
tout surpris de se trouver dans l'obscurité ; puis, se rap-
pelant où il était, il s'en alla tout honteux de s'être
ainsi oublié.

Quoiqu'il parlât avec facilité, il plaida rarement pendant qu'il fut simple avocat au parlement ; mais les con-
sultations de son cabinet arrêtèrent souvent de fâcheux
débats de famille et rendirent de véritables services à ses
clients et à la société, en évitant le scandale public et en
maintenant la concorde, ou la ramenant entre les parties.
Il n'aimait pas les procès ; il regardait comme une cala-
mité ces ferments de discorde et de haine se perpétuant
quelquefois d'âge en âge. Les malheureux étaient surtout
l'objet de sa constante sollicitude ; ses bons avis ne leur
faisaient jamais défaut, et toujours, dans ce cas, ils étaient
donnés gratuitement. Les ouvriers des carrières avaient
particulièrement en lui une confiance sans bornes et une
vénération qu'il méritait. Ayant un jour rendu de grands
services et sauvé l'honneur à l'un d'eux, qui était né avec
une véritable vocation d'artiste, celui-ci voyant le désintéressement de son conseil, imagina de prendre une pierre
d'ardoise de choix et d'en faire un cadran régulier et
sculpté avec soin, qu'il lui envoya comme souvenir de
reconnaissance de ses bons offices. Rien ne faisait plus de
plaisir à Larevellière que d'aller prendre l'heure à ce méri-
dien, qu'il avait fait placer au rond-point des allées du par-
terre, entouré de douves, du Fléchay, où il existe encore,
quoiqu'il ne soit plus à la même place. C'est ainsi qu'il
s'attira l'estime et l'affection de tous ses concitoyens. Il a

fallu une bien grande perversité, ou une aberration d'esprit inexplicable, pour envoyer à la mort un tel homme, comme ennemi du peuple et du pays.

On savait si bien au présidial, combien Larevellière était infatigable au travail, qu'on ne se faisait aucun scrupule de lui laisser le soin de presque toutes les affaires, qu'il traitait d'ailleurs en magistrat instruit dans la législation et en homme de sens et de jugement. Il participa, avec son frère Larevellière-Lépeaux et le docteur Tessier du Closeau au projet de cahier qui fut imprimé et servit de base à celui qu'adopta l'Assemblée bailliagère d'Angers, composée des électeurs choisis par les communes en 89.

En 1790, il devint président du district d'Angers, et, au mois de décembre 92, président au criminel du département de Maine et Loire. Il ne tarda pas à être appelé au Conseil général ; il y devint l'ami et obtint toute la confiance de son président M. de Dieusie, homme d'un noble caractère et d'une haute capacité. Il fut chargé par le vœu de ses collègues de plusieurs missions délicates à Paris, en Anjou, dans la Sarthe et ailleurs, pendant les temps difficiles de 1793. Enfin il fut l'un des rédacteurs et des signataires de l'adresse énergique et courageuse du 31 mai de la même année, envoyée à la partie modérée de la Convention, et qui devint, plus tard, le prétexte de l'arrestation et de la condamnation des honorables Angevins, accusés de fédéralisme. Larevellière avait la candeur d'un homme de bien n'ayant rien à se reprocher. Lorsque la Montagne l'eut emporté sur les Girondins et eût immolé leurs plus illustres orateurs, tous ses amis lui conseillaient de fuir, ou de se cacher pendant quelque temps. Honteux de ces moyens qui répugnaient à sa conscience pure, il s'y refusa constamment et finit par se constituer prisonnier à la citadelle d'Angers, après sa destitution. L'état de situation de ses affaires, qu'il fit ce jour même, 15 octobre 1793, et que nous avons eu sous les yeux, prouve par sa netteté, sa précision, la fermeté de l'écriture, la tranquillité de sa belle âme et sa confiance entière dans son innocence. Au reste, ce fut bien plus de son frère, Larevellière-Lépeaux, l'honnête et probe républicain, qui avait fait tant d'efforts pour arrêter l'anarchie, que les atroces terroristes se vengèrent, en envoyant à l'échafaud le magistrat intègre, patriote modéré de 89, que de lui-même qui n'avait joué qu'un rôle secondaire.

Nous avons vu dans le récit général du procès, tout ce qui resterait à dire concernant Jean-Baptiste-Louis Larevellière ; c'est au lecteur à apprécier maintenant les hommes et les faits.

Mme Larevellière, frappée dans sa plus tendre affection, ne survécut à son mari que quinze mois, emportée par la douleur de cette perte irréparable. Elle laissa trois fils mineurs : Jean-Baptiste, l'aîné, mort à Paris, étudiant en droit, le 7 juillet 1808 ; Anselme, le plus jeune, qui succomba, après la bataille de Leipzick, dans les Gardes d'honneur ; enfin Victorin, encore existant, ancien député, ancien membre du Conseil général de Maine et Loire, du Conseil académique d'Angers et maire pendant près de vingt ans de la commune d'Avrillé. Retiré aujourd'hui complétement des affaires, il habite le Fléchay.

Note biographique sur Jean-Baptiste-Joseph Maillocheau, *docteur en médecine, professeur à l'Ecole secondaire d'Angers.*

Jean-Baptiste-Joseph Maillocheau naquit le 2 mars 1768, dans la petite ville de Clisson, Marches du Poitou, diocèse de Nantes (aujourd'hui département de la Loire-Inférieure). Son père Augustin était docteur en médecine de la faculté de Montpellier. C'était un excellent homme, qui avait épousé Marie-Anne Gauthier, femme d'un beau caractère et digne à tous égards du respect qui l'environna toujours. L'un et l'autre appartenaient à des familles bourgeoises qui passaient pour des plus anciennes et des plus notables du pays. Jean-Baptiste, élevé dans la maison paternelle, était doué d'un esprit vif et d'un caractère passionné, ce qui explique la prédilection toute particulière que lui montrèrent ses parents, sur son frère et ses sœurs, et nuisit un peu à ses bonnes dispositions naturelles, comme il le déplorait lui-même dans un âge plus avancé.

Il fit ses premières études au collége de Beaupreau, où il obtint des succès dans le latin, langue qu'il savait très-bien, qu'il a toujours aimée et dont il se plaisait à citer souvent des passages. A l'âge de quatorze ans il avait fini sa rhétorique qu'il doubla au même collége. Il fut envoyé, plus tard, chez les Oratoriens, à Tours, où son frère aîné était professeur ; il y compléta ses humanités ; puis il vint à Nantes, chez M. Biclet, procureur, pour s'initier à la procédure ; mais sa vocation n'était pas tournée de ce côté. La médecine, si large dans son ensemble, le séduisit, et ses parents eurent le bon esprit de le comprendre et de l'envoyer à Angers où il commença ses études médicales qu'il alla achever à Paris, où il fut reçu docteur. Il revint à Angers et y fit la connaissance de Jeanne-Françoise Bellouard, sa parente, femme d'un caractère supérieur qu'elle a soutenu jusqu'à quatre-vingts ans. Ils se marièrent vers la fin de 1791, dans la chapelle de la Bougonnière, près Montaigu, commune et paroisse de Saint-Hilaire-de-Loulé, puis ils vinrent se fixer à Angers.

Les idées de réforme et l'enthousiasme patriotique qui régnaient alors dans les esprits, ne pouvaient manquer leur effet sur le jeune Maillocheau ; d'ailleurs, parent des Larevellière et lié encore davantage avec eux par son mariage, il eut des relations avec tous les patriotes modérés de 89, qui étaient nombreux à Angers. Il assista régulièrement aux séances du club de Saint-Aubin et y parla souvent avec chaleur et facilité, en faveur de ses principes. Il fut chargé de plusieurs missions en Maine et Loire, pour la conciliation des partis et l'éloignement de la guerre civile. Il soutint de ses efforts et signa l'adresse des citoyens d'Angers à la partie modérée de la Convention, à la date du 31 mai 1793, ce qui le fit comprendre dans l'accusation des fédéralistes de Maine et Loire ; sa jeunesse le sauva ; il fut acquitté ainsi que Despujols, par déclaration du tribunal révolutionnaire du 26 germinal de l'an II de la République, tandis que les cinq autres accusés portèrent courageusement leurs têtes sur l'échafaud, pour une cause qui était celle des honnêtes gens. Maillocheau revint à Angers avec sa femme et Mmes Larevellière et Brevet de Beaujour, qui étaient allées à Paris solliciter en faveur de leurs maris, mais en vain. Il devint d'abord subrogé-tuteur des trois fils mineurs de Larevellière aîné, et après la mort de leur mère, qui suivit de près celle de son mari, il fut chargé de leur tutelle.

Cependant les affreux événements dont Maillocheau avait été le témoin avaient agi fortement sur son imagination vive et impressionnable. Toute sa vie, qui a été longue, il en a conservé comme un cauchemar douloureux et prolongé. Tombé dans une mélancolie sombre, dégoûté de toutes les choses de ce monde, il négligea sa profession même, quoique sa femme, son fils et lui ne fussent pas dans une position aisée. Pendant ce temps Larevellière-Lépeaux, avait été appelé au Directoire : il chercha à relever le courage de Maillocheau, son parent, et le fit nommer médecin des prisons d'Angers. Il y reprit peu à peu ses occupations médicales et devint un excellent praticien. Sous l'Empire, son frère, devenu commissaire général de police à Lyon, le fit nommer professeur de matière médicale à l'École secondaire de médecine d'Angers. Durant plusieurs années il fit son cours avec succès et eut à compter, au rang de ses élèves, les hommes qui se sont le plus distingués, comme Angevins à Paris, dans l'art de guérir. Son caractère naturellement gai et franc, dans les moments où il oubliait les épreuves de sa jeunesse, le rendirent cher à ses collègues et à ses élèves.

En 1814, lors de l'invasion des coalisés, il fit revenir à Angers son fils unique Auguste, et son ancien pupille Victorin Larevellière. Le premier étudiait la médecine, le second faisait son droit. Ayant été élevés ensemble, ils habitaient le même appartement, rue du Foin-Saint-Jacques et y vivaient comme deux frères. Le docteur Maillocheau, espérant soustraire son fils aux réquisitions militaires de l'Empereur, comme attaché à un service public, l'avait fait admettre externe à l'hospice provisoire de Saint-Nicolas, où l'on avait transféré les prisonniers de Fontevrault, dans la crainte d'une évasion au milieu de la bagarre de l'invasion. L'entassement de ces malheureux y développa un horrible *typhus*, qui en fit périr un grand nombre. Plusieurs médecins et étudiants en médecine, M. de Mantelon, alors adjoint à la municipalité d'Angers, que ses fonctions mettaient en rapport avec cette maison, en furent atteints et succombèrent. Auguste Maillocheau ne tarda pas à montrer les symptômes rapides de cette effrayante maladie. Son père et sa mère, qui l'avaient élevé ainsi que les trois enfants Larevellière, lui prodiguèrent tous les soins que pouvait leur inspirer leur tendresse pour ce fils unique : ce fut en vain. Il mourut au bout de quelques jours d'horribles souffrances. Frappés au cœur, M. et Mᵐᵉ Maillocheau reportèrent toute leur affection sur leur ancien pupille Victorin Larevellière, seul restant des quatre jeunes gens à l'éducation desquels ils avaient présidé. Le docteur donna sa démission de toutes ses fonctions et resta seulement professeur honoraire. Ils se retirèrent dans une propriété qu'ils possédaient à la Haie-Longue, commune de Saint-Aubin-de-Luigné, où ils cherchèrent à adoucir l'amertume de leur douleur par des actes nombreux de bienfaisance, qui les firent chérir de tout le pays. M. Maillocheau est mort au mois de décembre 1847, et sa veuve, femme de mérite et de haute vertu, l'a rejoint dans l'éternité, au mois de juin 1852.

V. LAREVELLIÈRE,
Ancien député.

(Extrait des Mémoires de la Société académique d'Angers, xvᵉ volume).

Angers, imp. Cosnier et Lachèse.

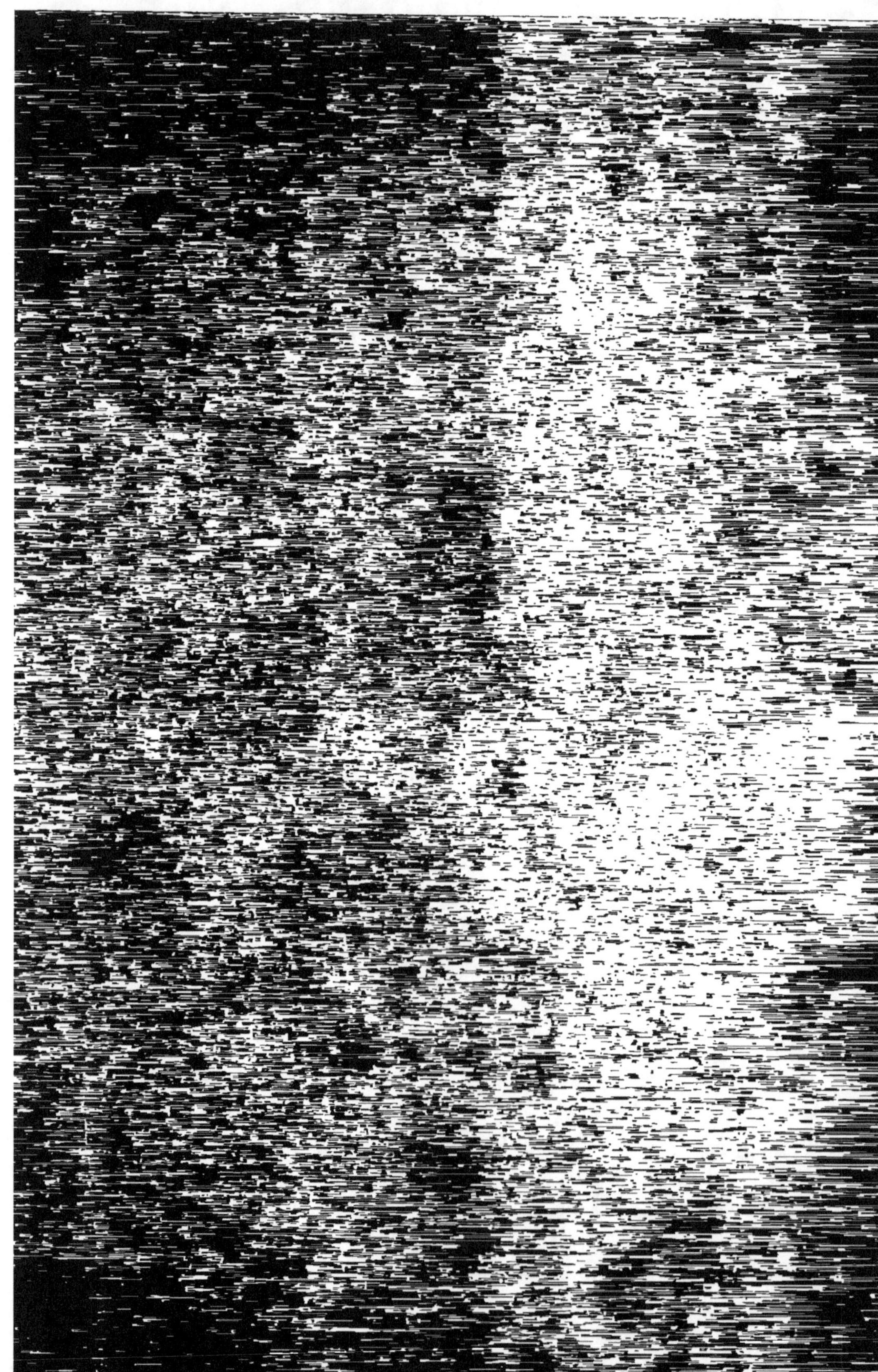